모락모락 솥밥

| 일러두기 |

본 도서는 국립국어원 표기 규정 및 외래어 표기 규정을 사용하였습니다.
다만 일부 입말로 굳어진 경우에는 작가의 표기를 따랐습니다.

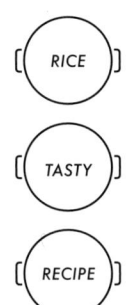

모락모락 솥밥

갓 지은 가장 맛있는 밥

류지현 지음

영진미디어

프롤로그 06

솥밥을 맛있게 만드는 비결

1 솥의 종류 10
2 양념 12
3 육수 14
4 밥 짓기 16
5 양념장 18

가장 맛있는 제철 재료로

1 주꾸미 취나물 솥밥 22
2 냉이 새조개 솥밥 26
3 두릅 섭(홍합) 솥밥 30
4 방풍나물 소라 솥밥 34
5 대합 마늘쫑 솥밥 38
6 홍감자 솥밥 42
7 초당옥수수 솥밥 46
8 미더덕 해초 솥밥 50
9 꼬막 톳 솥밥 54
10 굴 솥밥 58

가볍지만 든든하게

1 아보카도 솥밥 64
2 마 솥밥 68
3 채소 솥밥 72
4 두부 솥밥 76
5 강황 토마토 베이컨 솥밥 80
6 가리비 아스파라거스 솥밥 84
7 그린빈 새우 솥밥 88
8 우엉 들깨 솥밥 92
9 건도토리묵 솥밥 96
10 건표고버섯 알배추 솥밥 100

후다닥 만드는 간편한 한 그릇

1	소고기 죽순 솥밥	106
2	차돌 숙주 솥밥	110
3	곤드레나물 조기 솥밥	114
4	생강 삼치 솥밥	118
5	랍스터 버터 솥밥	122
6	고사리 삼겹살 솥밥	126
7	가자미 솥밥	130
8	보말 솥밥	134
9	갈낙 솥밥	138
10	불고기 단호박 솥밥	142

뚝 떨어진 기력을 회복하기 위해

1	버섯 닭고기 솥밥	148
2	우거지 삼겹살 솥밥	152
3	문어 부추 솥밥	156
4	민어 솥밥	160
5	전복 솥밥	164
6	매콤 가지 솥밥	168
7	오징어 먹물 성게알 솥밥	172
8	묵은지 삼겹살 솥밥	176
9	연어 솥밥	180
10	장어 솥밥	184

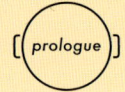

프롤로그

대학교 졸업 후, 10년 정도 푸드스타일리스트와 대학에서 시간 강사 등의 일을 하며 밥벌이를 했습니다. 바쁜 일상 속에서도 친구들을 초대해 소소하게 맛있는 음식을 만들어 먹는 것을 좋아했습니다. 누군가를 위해 요리를 준비하는 시간이 저에게는 큰 즐거움으로 다가왔습니다.

프리랜서의 삶은 보기에는 그럴듯해 보이지만, 누군가는 불러주어야 할 수 있는 일이기에 늘 마음 한구석에는 다른 꿈을 꾸기 시작했습니다. 오랜 고민 끝에 2015년 겨울, 합정동에서 작은 식당을 시작했습니다. 처음부터 순조롭지는 않았습니다. 어렴풋이 시작한 가게여서 어떤 음식을 만들지, 어떻게 운영을 할지 갈팡질팡했습니다. 주변의 조언으로 분식, 국수, 브런치 등 다양한 메뉴가 나왔지만 쉽게 결정하지 못하던 찰나에, 오랫동안 저를 보아왔던 친한 언니가 제가 해주는 밥이 정말 맛있으니 밥집을 해보는 건 어떻냐고 물었습니다. 잘하는 메뉴를 하라는 그 말이 가슴속에 들어왔고, 갓 지은 가장 맛있는 밥을 파는 솥밥 집을 운영하게 되었습니다.

1인 가구여서 많은 가짓수의 음식을 하기 번거롭고, 하루에 같은 반찬으로 두 번 밥 먹기 싫거나, 모락모락 갓 지은 집밥을 그리워하는, 밥심이라는 말을 좋아하는, 저와 같은 손님들을 위해 제철 재료와 다양한 재료의 조합으로 여러 레시피를 만들어 손님들에게 든든한 한 상을 내었습니다. 가게를 운영하며 솥밥을 만드는 즐거움도 있었지만, 정성스럽게 만든 밥을 맛있게 드시는 손님을 볼 때마다 행복했습니다.

건강상의 문제로 2년 넘게 운영하던 가게를 접고 다시 직장 생활을 하며
좋은 기회가 생겨 수천 번 만들었던 다양한 솥밥 레시피를 조금 더 쉽고
맛있게 보완하여 엄선한 레시피로만 책으로 만들어보았습니다.

본업과 책 작업을 병행하는 동안 주변에 많은 분의 도움을 받았습니다.
이 자리를 빌려 책 작업을 진행할 수 있도록 배려해 주신 스피니치701
박명원 실장님, 긴 작업에 지쳐서 숨고 싶을 때 묵묵히 기다려주신 김아영
편집자님, 열정적으로 사진 작업을 해준 서지혜, 김신욱 님, 혼자서 하기엔
많은 요리를 도와주고 냉정하게 맛을 평가해 준 한태희 님, 늘 옆에서
든든히 응원해 주는 남편 박준모 님께도 깊은 감사를 전합니다.

솥밥은 정말 다양하게 변화할 수 있는 하얀 도화지 같은 메뉴입니다.
『모락모락 솥밥』을 참고하여 하나씩 따라서 맛있게 만들어도 좋고,
집에 있는 재료로 대체하거나 추가하여 응용해도 좋습니다.

솥밥, 생각보다 어렵지 않아요. 저와 함께 즐겁게 만들어볼까요?

류지현

모든 레시피는 넉넉한 2인분을 기준으로 하였습니다.
인원수와 양에 따라 조절하여 만드시기를 바랍니다.

본문 중 1컵은 200mL를 기준으로 하였습니다.
불린 쌀 1컵은 1인분을 기준으로 잡고 있습니다. 밥을 적게 드시는 분은 150mL(¾컵),
넉넉히 드시는 분은 250mL(1¼컵)로 밥을 지으면 됩니다.

생 쌀의 경우 쌀의 종류마다 다를수 있지만 ¾컵(150mL)를 불리면
불린 쌀 1컵이 됩니다.

1T의 경우 계량 숟가락 15mL를 기준으로 하였습니다.
집에 계량 숟가락이 없으면 일반 밥 수저로 1T인 10mL를 참고하여 사용하면 됩니다.

솥밥을 맛있게 만드는 비결

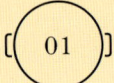

솥의 종류

주물 냄비
무쇠로 만들어 가열 시간이 오래 걸리지만, 한 번 가열되면 열이 오랜 시간 지속됩니다. 뚜껑 중량이 무거워 온도 변화가 더디고 수증기가 외부로 덜 빠져나가 높은 온도와 압력을 유지하기 때문에 주물 냄비에 음식을 하면 재료 고유의 맛과 향이 잘 유지 됩니다.
코팅이 안 된 주물 냄비의 경우 물기를 바로 닦아주고, 오일로 시즈닝을 하는 등 지속해서 관리를 해줘야 오래 사용할 수 있습니다. 코팅 주물 냄비는 에나멜 코팅을 하여 사용하기 편리하게 만든 제품입니다.
주물 냄비는 무겁고 가격은 비싸지만, 관리만 잘해주면 평생 사용할 수 있는 좋은 제품입니다. 우리나라의 전통 취사도구인 가마솥도 주물로 만들어졌습니다. 요즘은 개량되어 작은 크기도 많이 나오고 있으나, 개량된 제품 중에서는 주물이 아닌 재질도 있으니 구입할 때 잘 살펴보아야 합니다.

법랑 냄비
법랑 냄비란 철재에 사기그릇과 같은 유리질 유약을 이용하여 에나멜 코팅을 씌운 냄비입니다. 법랑 냄비는 내부가 철로 이루어져 있어 열전도가 높고 열을 오래 유지해 줍니다. 철제 위에 코팅이 되어 있어 쉽게 녹슬지 않지만, 충격을 가할 시 다른 냄비에 비해 코팅이 쉽게 깨집니다. 깨진 코팅 내부로 물이 스며들어 냄비가 부식될 수 있으니, 깨지면 바로 교체해 주는 것이 좋습니다. 또한 설거지 후 물기 없이 건조해 보관해야 녹슬지 않고 오래 사용할 수 있습니다. 법랑 냄비는 주물 냄비보다는 가볍고 가격이 저렴합니다.

내열토 도자기 냄비(뚝배기)
내열토로 만들어진 내열 식기는 열전도율이 높아 보온성이 뛰어납니다. 도자기 냄비는 주방 세제로 세척하면 잔여물이 남기 때문에 밀가루, 쌀뜨물로 세척해야 합니다. 단, 제품에 따라 세제를 흡수하지 않는 무흡수 냄비도 있습니다. 직화, 오븐, 전자레인지 사용은 가능하나 대부분은 인덕션 사용이 안 됩니다. 도자기 재질이다 보니 충격을 가할 경우 위험이 있으니 조심해서 사용해야 합니다.

주물 냄비(가마솥)　　　　　　　법랑 냄비

에나멜 코팅 주물 냄비　　　　　내열토 도자기

주물 냄비　　　　　　　　　　　뚝배기

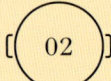

양념

연두 순 콩 발효 베이스에 채수를 섞어 만들어진 제품으로 맛국물용이나 간을 맞추는 용으로 많이 사용합니다. 연두 순이 없는 경우 국간장으로 대신하여 사용해도 됩니다.

오일류 재료를 볶거나 냄비에 코팅하는 용도로 많이 사용합니다.
본문에서는 레시피마다 식재료와 페어링이 좋은 기름을 다양하게 사용하여 밥을 지었습니다.
- 들기름, 참기름: 채소, 육류
- 포도씨유: 해산물, 생선
- 올리브유, 버터: 양식 베이스(스타일) 솥밥을 지을 경우 사용

청주, 맛술 음식의 비린 맛을 잡는 데 사용합니다.

올리고당 단맛을 내는 용으로 사용합니다.

후추 재료에 향과 맛을 더하는 조미료로 사용합니다.

기타 음식에 감칠맛을 더하고 싶으면 진간장, 굴소스, 쯔유 등으로 간을 조절하여 사용하세요.

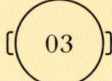

육수

맛국물

밥 육수: 물 400mL + 연두 순 1T = 맛국물 2컵
본문에서 가장 많이 사용하는 육수입니다. 여러 재료를 구비하지 않고 간편하게 만들 수 있는 육수입니다. 물과 연두 순을 잘 저어서 사용합니다.

데치거나 삶을 때: 물 400mL + 연두 순 0.5T = 맛국물 2컵
본문에서 재료를 데치거나 삶을 때, '물+청주+소금'의 조합 대신 맛국물로 대체하면 편리합니다. 물 1컵 계량을 맛국물 1컵 계량으로 대체하세요. 연두 순에는 약한 간이 되어 있어 별도의 소금 간을 하지 않아도 됩니다. 연두 순이 없으면 소금, 국간장으로 대신해 주세요.

채수

물 5컵(1L), 건표고 2~3개, 대파 1대, 다시마 1조각(5×10cm)
위의 재료를 넣어 20분간 끓인 뒤 완전히 식혀 체에 걸러서 사용하면 됩니다. 식히는 동안에도 은은한 채소의 맛이 서서히 배어 나옵니다. 위의 재료 외에도 조리하고 남은 양파, 당근 등 자투리 채소를 다양하게 사용해도 좋습니다.

멸치 육수

물 5컵(1L), 시판 멸치 육수 티백 1개
육수 티백은 고온 로스팅하여 비린 맛이 없고 감칠맛이 높고, 향미가 좋습니다. 물과 육수 티백을 넣고 물이 끓기 시작하면 약불로 줄여 20분 정도 우려냅니다. 또는 물병에 생수 4컵과 육수 티백을 넣고 냉장고에서 10시간 정도 냉침하여 사용해도 됩니다.

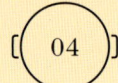

밥 짓기

조리법

① 밥 지을 냄비에 들기름이나 포도씨유 같은 오일을 둘러주세요.
② 조리용 붓으로 오일을 냄비에 골고루 바릅니다.
③ 불린 쌀 2컵은 물기를 빼서 냄비에 담아줍니다.
④ 불린 쌀과 동량의 맛국물(물 또는 육수)을 부어줍니다.
⑤ 센 불로 5분가량 고루 저어주면서 끓입니다.
⑥ 밥물이 자작해지면 중간 불로 줄여줍니다.
⑦ 뚜껑을 닫고 중불로 5분, 약불로 5분간 끓이다가 불을 끄고 10분간 뜸을 들입니다.
⑧ 뜸을 들인 밥은 고루 섞어 맛있게 드세요.

TIP

- 간이 없는 기본 흰 쌀밥을 할 때는 간이 되어 있는 맛국물 대신 물을 넣어주세요.
- 밥 짓는 시간은 센 불 5분, 중불 5분, 약불 5분, 뜸 10분을 기준으로 합니다.
  집마다 불 세기가 다르고 밥을 짓는 냄비가 달라서 시간 차이가 날 수 있습니다.
  위의 시간을 기준으로 하여 조금씩 다듬어 자신만의 솥밥 시간을 만들어보세요.
- 밥 짓는 과정 중에 재료를 추가하여 뜸을 들일 때는 추가 재료를 더하고 뚜껑을 덮은
  후에 잠시 불을 세게 올려서 솥 내부 온도를 올려주는 게 좋습니다.

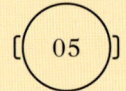

양념장

명란 마요네즈

깐 명란 60g, 마요네즈 2T
① 껍질을 벗긴 명란과 마요네즈를 고루 섞어줍니다.

약고추장

다진 소고기 100g, 다진 양파 4T, 다진 마늘 0.5T, 맛술 1T, 고추장 4T, 물 4T, 포도씨유 1T 올리고당 2T, 통깨 약간, 참기름 약간
① 팬에 기름을 두르고 다진 양파를 볶다가 양파가 투명해지면 다진 소고기를 넣고 볶아주세요.
② 고기가 익으면 다진 마늘과 맛술을 넣고 볶다가 고추장과 물을 넣고 끓여주세요.
③ 고추장이 자작해지면 올리고당을 넣고 끓이다 참기름과 통깨를 넣고 마무리합니다.

간장 양념장

쪽파 3대, 진간장 2T, 물 2T, 통깨 약간
① 쪽파는 송송 썰어주세요.
② 볼에 재료를 고루 섞어주세요.

달래 양념장

달래 10뿌리, 진간장 2T, 물 2T, 통깨 약간
① 달래는 1cm 길이로 썰어주세요.
② 볼에 재료를 넣고 고루 섞어주세요.

표고버섯 간장 양념장

표고버섯 5개, 진간장 2T, 물 2T, 통깨 약간
① 표고버섯을 잘게 다진 후 마른 팬에 넣고 볶아줍니다.
② 볼에 볶은 표고버섯과 남은 재료를 넣고 고루 섞어주세요.

표고버섯 고추장

표고버섯 5개, 다진 양파 4T, 포도씨유 1T, 고추장 4T, 물 4T, 올리고당 2T, 통깨 약간, 참기름 약간
① 표고버섯을 잘게 다져줍니다.
② 팬에 기름을 두르고 다진 양파를 볶다가 양파가 투명해지면 다진 표고버섯을 넣고 볶아주세요.
③ 버섯이 익으면 물과 고추장을 넣고 함께 끓여주세요.
④ 고추장이 자작해지면 올리고당을 넣고 끓이다 참기름과 통깨를 넣고 마무리합니다.

고추냉이장

고추냉이 0.5T, 진간장 0.5T, 물 2T
① 볼에 분량의 재료를 모두 섞어줍니다.

영양 부추장

영양 부추 20g(약 20대) 또는 2T, 홍고추 0.5개, 진간장 2T, 물 2T, 통깨 약간
① 영양 부추는 1cm길이로 썰고, 홍고추는 반을 갈라 씨를 빼고 채 썰어줍니다.
② 볼에 분량의 재료를 모두 섞어줍니다.

명란 마요네즈

약고추장

간장 양념장

달래 양념장

표고버섯 간장 양념장

고추냉이장

표고버섯 고추장

영양 부추장

TIP

- 간장이 들어가는 양념장은 취향에 따라 참기름 또는 들기름을 넣어도 됩니다.
- 물 대신 채수를 사용해도 좋습니다.
- 솥밥은 밥에 기본 간이 되어 있어서 양념장 간은 물을 섞어서 삼삼하게 만들어줍니다.

가 장 맛 있 는 제 철 재 료 로

주꾸미 취나물 솥밥

재료
- 주꾸미 2~3마리 | 취나물 한 줌 | 불린 쌀 2컵 | 주꾸미 데친 물 2컵 다진 마늘 0.5T | 포도씨유 1T
- 주꾸미 데치는 물: 물 3컵 | 청주 1T | 소금 약간

만드는 방법

1. 손질한 주꾸미를 끓는 물에 넣고 저어가며 끓여줍니다. 팔팔 끓으면 살이 질겨지니 1분 정도만 데칩니다. 데친 주꾸미 다리는 2~3cm 간격으로 자르고 머리는 잘게 썰어주세요.
   + 주꾸미 손질하기(P.24)

2. 취나물은 깨끗이 씻어 비닐 팩이나 전자레인지 용기에 넣어 전자레인지에 2분간 돌립니다. 취나물은 한 김 식혀 2~3cm 길이로 썰어주세요.

3. 밥을 지을 냄비에 포도씨유를 두르고 다진 마늘을 넣고 약한 불에서 볶아주세요. 주꾸미 손질 후 챙겨둔 먹물, 알, 내장 등을 함께 볶으면서 가위로 잘게 자릅니다.

4. 불린 쌀과 잘게 썰어둔 주꾸미 머리를 넣어 볶다가 주꾸미 데친 물을 넣어주세요. 센 불로 쌀을 저어가며 5분간 끓이다 밥물이 반 정도 줄면 취나물을 올리고 뚜껑을 덮어 중불로 5분, 약불로 5분간 끓입니다.

5. 뚜껑을 열어 주꾸미를 밥 위에 올리고 뚜껑을 덮어줍니다. 센 불로 잠시 올렸다가 불을 끄고 10분간 뜸을 들입니다. 간장 양념장을 취향껏 곁들여 주세요.

TIP | 주꾸미 손질하기 |

① 주꾸미는 가위로 머리와 다리를 분리해 잘라줍니다.
② 머리를 뒤집어 내장, 먹물, 알 등은 꺼내어 찬물에 깨끗이 헹궈 그릇에 따로 챙겨둡니다.
③ 손질한 주꾸미는 밀가루에 박박 문지른 다음 찬물에 여러 번 헹궈주세요.

- 주꾸미 알과 내장을 좋아하지 않는다면 내장을 볶는 과정을 생략해도 됩니다. 만약 내장의 맛을 좋아하는 분이라면 밥을 지을 때 오징어 먹물을 넣어보세요. 솥밥의 풍미가 좋아집니다.
- 봄에 갓 나온 취나물은 부드러워서 전자레인지에 데울 수 있습니다. 봄이 지나고 취나물이 질긴 시기가 오면 끓는 물에 데쳐서 사용하는 것이 좋습니다. 건 취나물은 물에 불린 다음 볶아서 사용합니다.

냉이 새조개 솥밥

재료
- 손질 새조개 200g | 냉이 두 줌 | 불린 쌀 2컵 | 새조개 데친 물 1.8컵 포도씨유 1T
- 새조개 데치는 물: 물 3컵 | 청주 1T | 소금 약간

만드는 방법

1. 새조개 내장의 불순물을 제거하기 위해 소금물에 두세 차례 살살 씻어 건져내 주세요. 끓는 물에 청주와 새조개를 넣고, 새조개는 살짝 데쳐서 건져둡니다.

2. 냉이는 미지근한 물에 담가 뿌리에 있는 흙을 불린 다음 작은 칼을 사용하여 손질합니다. 손질한 냉이는 찬물에 여러 번 헹구어 건지고, 물기가 빠지면 5cm 길이로 썰어주세요.

3. 냄비에 포도씨유를 두르고 냉이를 볶다가, 반절만 접시로 옮겨 담아둡니다.

4. 냉이를 볶은 냄비에 불린 쌀과 새조개 데친 물을 넣어주세요. 센 불로 쌀을 저어가며 5분간 끓이다가 밥물이 반 정도 줄면 냄비 뚜껑을 덮고 중불로 5분, 약불로 5분간 끓입니다.

5. 불을 끈 후, 뚜껑을 열어 따로 옮겨 놓았던 냉이와 새조개를 올리고 뚜껑을 덮어주세요. 냄비를 한 번 강불로 살짝 데우고, 불을 끄고 10분간 뜸을 들여주세요.

6. 간장 양념장을 곁들여 드시면 더욱더 맛있습니다.

TIP	• 데친 새조개에서 수분이 많이 나와서 밥 짓는 중간에 올리면 밥이 질어질 수 있어요. 밥을 짓는 물의 양을 적게 잡아도 됩니다. • 냉이와 새조개의 맛과 식감을 살리기 위해 손이 많이 가더라도 전처리 과정을 따로 해주세요. 냉이를 볶아서 사용하면 데치는 방법보다 더 진한 해산물의 풍미를 느낄 수 있습니다.

두릅 섭(홍합) 솥밥

재료	• 섭(홍합) 1kg	두릅 3~4대	불린 쌀 2컵	섭(홍합) 데친 물 2컵 포도씨유 1T
	• 섭(홍합) 데치는 물: 물 5컵	청주 1T	소금 약간
	• 두릅 데치는 물: 물 3컵	소금 약간
만드는 방법	1 끓는 물에 청주와 소금, 깨끗이 손질한 섭을 넣고 끓입니다. 조개가 입이 벌어지면 바로 건져주세요. 섭 살은 껍질과 분리해서 2cm 길이로 썰어주세요.
	2 두릅은 줄기 부분에 밑동을 자르고 주변 가시를 제거합니다. 손질한 두릅은 찬물로 씻어 끓는 물에 소금을 넣고 살짝 데쳐주세요. 데친 두릅은 찬물에 담구어 식혀 건집니다.
	3 포도씨유를 조리용 붓으로 밥 지을 냄비에 얇게 펴 발라줍니다. 기름을 바른 냄비에 불린 쌀과 섭 데친 물을 부어주세요.
	4 센 불로 쌀을 저어가며 5분간 끓이다 밥물이 반 정도 줄면 냄비 뚜껑을 덮고 중불로 5분 동안 끓입니다. 불을 끄고 뚜껑을 열어 전처리한 섭과 두릅을 올린 후 뚜껑을 덮어줍니다.
	5 냄비를 한번 강불로 데운 뒤 가장 약불로 5분간 가열하고 불을 끄고 10분간 뜸을 들입니다. 간장 양념장을 더하면 맛있게 즐길 수 있습니다.

| TIP | • 섭을 구하지 못하면 홍합으로 만들어도 됩니다. 시중에서 쉽게 구할 수 있는 깐 홍합으로도 편하게 조리할 수 있습니다. 냉동 홍합은 해동 방법에 따라 비린 맛이 있어서 양념이 강한 레시피에는 사용하기 편하지만, 솥밥에는 추천하지 않습니다. |

[04]

방풍나물 소라 솥밥

재료
- 소라 2개 | 방풍나물 한 줌 | 불린 쌀 2컵 | 맛국물 2컵 | 포도씨유 1T
- 소라 데치는 물: 물 4컵 | 청주 2T
- 방풍나물 데치는 물: 물 3컵 | 소금 약간

만드는 방법

1. 깨끗이 세척한 소라는 끓는 물에 청주와 함께 넣고 10분간 삶아주세요. 소라가 익으면 살을 꺼내 내장을 제거하고 얇게 썰어줍니다.

2. 방풍나물은 물에 씻어 건져둔 다음, 끓는 물에 방풍나물과 소금을 넣고 살짝 데쳐줍니다. 건져서 찬물에 담가 식히고 채반에 건져둡니다.

3. 방풍나물은 물기를 꼭 짠 다음 2~3cm 길이로 썰어주세요.

4. 냄비에 포도씨유를 두르고 방풍나물을 볶다가 불린 쌀과 맛국물을 넣어주세요.

5. 센 불로 쌀을 저어가며 5분간 끓이다 밥물이 반 정도 줄면 뚜껑을 덮고, 중불로 5분, 약불로 5분 동안 끓입니다.

6. 뚜껑을 열어 데친 소라를 밥 위에 올리고 뚜껑을 덮어주세요. 센 불로 잠시 불을 올렸다가 불을 끄고 10분간 뜸을 들입니다. 간장 양념장을 더하면 맛있게 즐길 수 있습니다.

대합 마늘쫑 솥밥

재료 대합 2개 | 마늘쫑 5대 | 불린 쌀 5컵 | 맛국물 2컵 | 포도씨유 1T

만드는 방법

1. 손질한 대합은 얇게 썰고, 깨끗하게 세척한 마늘쫑은 잘게 썰어주세요.
   + 대합 손질하기(P.40)

2. 냄비에 포도씨유를 두르고 대합 살을 볶다가 대합 살이 살짝 익으면 불린 쌀과 맛국물을 부어주세요.

3. 센 불로 쌀을 저어가며 5분간 끓이다 밥물이 반 정도 줄면 냄비 뚜껑을 덮고 중불로 5분, 약불로 5분간 끓인 뒤 불을 꺼주세요.

4. 뚜껑을 열어 마늘쫑을 넣은 다음 다시 뚜껑을 덮습니다.

5. 센 불로 잠시 불을 올렸다가 불을 끄고 10분간 뜸을 들입니다.

6. 간장 양념장을 곁들여 드시면 더욱더 맛있습니다.

TIP | 대합 손질하기 |

① 대합 껍질에 붙어 있는 이물질은 문질러가며 흐르는 물에 깨끗이 씻어주세요. 껍질 양쪽 모서리 틈으로 칼을 찔러 넣어 반으로 갈라줍니다.

② 반으로 자른 대합 껍질 안쪽으로 칼을 넣어 살을 발라냅니다.

③ 긴 촉수 부분을 길게 반으로 잘라 이물질을 제거하고 내장의 검은 부분은 제거합니다. 찬물에 헹구어 씻고 물기를 제거합니다.

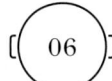

홍감자 솥밥

재료	• 홍감자 2개 ｜ 불린 쌀 2컵 ｜ 채수 2컵 ｜ 들기름 1T ｜ 쪽파 2대 • 명란 마요네즈: 간 명란 60g ｜ 마요네즈 2T

만드는 방법

1. 감자는 껍질을 벗기고 반으로 자른 다음 0.7cm 두께로 썰어주세요.

2. 들기름을 조리용 붓으로 밥 지을 냄비에 얇게 펴 발라줍니다.

3. 기름을 바른 냄비에 불린 쌀과 채수를 부어주세요.

4. 센 불로 쌀을 저어가며 5분간 끓입니다. 밥물이 반 정도 줄면 감자를 올리고 뚜껑을 덮고 중불로 5분, 약불로 5분간 끓이다 불을 끄고 10분간 뜸을 들입니다.

5. 분량의 명란과 마요네즈를 골고루 섞어 명란 마요네즈를 만들어주세요.

6. 완성된 밥 위에 쪽파를 송송 썰어 올려 마무리합니다.

TIP

- '감자계의 카스테라'라고 불리는 홍감자는 포슬포슬하고 은은한 단맛이 매력적입니다. 짭조름하고 고소한 명란 마요네즈와 곁들여 먹으면 좋습니다.
- 생김을 마른 팬에 구워서 같이 먹으면 더 맛있게 먹을 수 있어요.

초당옥수수 솥밥

재료 초당옥수수 1개 | 백명란 100g | 불린 쌀 2컵 | 채수 2컵 | 양파 1/4개
무염버터 2조각 | 쪽파 2대

만드는 방법

1. 초당옥수수는 껍질을 벗기고 수염을 제거한 다음, 칼로 옥수수알을 분리하고 양파는 다져서 준비합니다.

2. 백명란은 뜨거운 물에 살짝 데친 다음 찬물에 담가 살짝 씻어주세요. 키친타월로 물기를 제거한 다음 1cm 두께로 썰어줍니다.

3. 냄비에 버터 1조각을 녹이고 다진 양파를 볶다가 양파가 투명해지면 불린 쌀과 옥수수 심지, 채수를 부어주세요.

4. 센 불로 쌀을 저어가며 5분간 끓이다가 밥물이 반 정도로 줄면 뚜껑을 덮고 중불로 5분, 약불로 5분간 끓입니다.

5. 뚜껑을 열어 밥 위에 초당옥수수 알갱이와 명란을 올립니다. 냄비 뚜껑을 덮고 강불로 잠시 올렸다가 불을 끄고 10분간 뜸을 들입니다.

6. 완성된 밥 위에 버터 1조각과 쪽파를 송송 썰어 올려 마무리합니다.

TIP	· 옥수수 심지를 넣어 밥을 지을 때 소금을 넣으면 옥수수의 단맛이 올라가요. · 백명란을 뜨거운 물에 살짝 데쳐서 사용하는 이유는 젓갈 특유의 텁텁한 맛을 제거하기 위해서입니다.

미더덕 해초 솥밥

재료 미더덕 250g | 건해초 1봉지 | 불린 쌀 2컵 | 물 1.5컵
미더덕 물 0.5컵 | 포도씨유 1T

만드는 방법

1. 손질한 미더덕은 껍질이 없는 밑부분을 가위로 조금 자른 후 길게 잘라 반으로 갈라줍니다. 이때 나오는 미더덕 물을 따로 받아둡니다.

2. 반으로 가른 미더덕 내장에 이물질을 제거하고 찬물에 살짝 헹구어 체에 건져 물기를 뺍니다.

3. 찬물에 건해초를 불린 다음 체에 건져 물기를 뺍니다.

4. 포도씨유를 조리용 붓으로 밥 지을 냄비에 얇게 펴 발라줍니다. 기름을 바른 냄비에 불린 쌀과 물, 미더덕 물을 부어주세요.

5. 센 불로 쌀을 저어가며 5분간 끓인 다음, 밥물이 반 정도 줄면 불린 해초와 미더덕을 올리고 뚜껑을 덮어주세요. 중불로 5분, 약불로 5분간 끓인 다음 불을 끄고 10분간 뜸을 들입니다.

6. 간장 양념장 또는 달래 양념장과 곁들이면 맛있습니다.

TIP

- 미더덕을 손질할 때 나오는 미더덕 물을 얼려두었다가 국과 찌개 등 국물 요리를 할 때 사용해 보세요. 은은한 해산물 향이 국물 요리를 더욱 감칠맛 있게 만들어줍니다.

꼬막 톳 솥밥

재료
- 꼬막 1kg | 생톳 200g | 불린 쌀 2컵 | 꼬막 살 씻은 물 1.8컵 쪽파 2대 | 포도씨유 1T
- 꼬막 삶는 물: 물 10컵 | 청주 3T
- 톳 삶는 물: 10컵

만드는 방법

1. 해감한 꼬막은 박박 문질러 씻고, 끓는 물에 청주와 꼬막을 넣고 주걱을 사용하여 한 방향으로 저어줍니다. 꼬막 입이 벌어지기 시작하면 불을 끄고 건져 숟가락으로 껍질과 살을 분리합니다.

2. 꼬막 살은 찬물에 헹궈 체에 건지고, 고운 체에 다시 걸러주세요. 해감해도 가끔 진흙이 있어 맑은 윗물만 밥 육수로 사용합니다.

3. 끓는 물에 톳을 5분간 데치고 찬물에 여러 번 헹군 뒤 5cm 길이로 썰어주세요.

4. 포도씨유를 조리용 붓으로 밥 지을 냄비에 얇게 펴 발라줍니다. 냄비에 불린 쌀과 꼬막 삶은 물을 넣어줍니다. 센 불로 쌀을 저어가며 5분간 끓이다가 밥물이 반 정도로 줄면 데친 데친 톳을 올리고 뚜껑을 덮어주세요.

5. 중불로 5분, 약불로 5분간 끓이다 불을 끄고 뚜껑을 열어 데친 꼬막을 올리고 뚜껑을 덮어 주세요. 센 불로 데운 뒤에 불을 끄고 10분간 뜸을 들입니다. 완성된 밥 위에 쪽파를 송송 썰어 올려 마무리합니다. 달래 양념장과 함께 드세요.

TIP	• 톳에는 철분, 칼슘, 무기질 등 몸에 좋은 성분도 많지만, 비소가 많아서 반드시 데쳐서 먹어야 합니다. 생톳은 데칠 양의 10배 정도 되는 물에 5분간 데친 다음 찬물에 헹구고, 건톳은 물에 불린 다음 10배 정도 되는 물에 30분간 푹 삶아서 찬물에 헹궈 드세요.

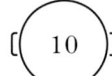

굴 솥밥

재료	생굴 300g	무 50g	불린 쌀 2컵	맛국물 1.5컵	포도씨유 1T
만드는 방법	

1. 찬물에 소금을 풀어 생굴을 살살 씻은 뒤, 두세 번 더 헹군 다음 체에 밭쳐 물기를 빼주세요.

2. 무는 0.5cm 두께로 채 썰어 준비합니다.

3. 냄비에 포도씨유를 두르고 무를 볶다가 불린 쌀과 맛국물을 넣어주세요.

4. 센 불로 쌀을 저어가며 5분간 끓이다 밥물이 반 정도 줄면 냄비 뚜껑을 덮고 중불로 5분간 끓여주세요.

5. 뚜껑을 열어 생굴을 넣고 뚜껑을 덮어주세요.

6. 냄비를 한 번 센 불로 데운 뒤에 약불로 10분간 끓이다 불을 끄고 10분간 뜸을 들입니다.

7. 완성된 밥 위에 쪽파를 올려 마무리합니다. 달래 양념장을 곁들이면 훨씬 맛있습니다.

| TIP | • 굴 솥밥은 쉬운 듯하지만 은근히 어려운 메뉴입니다. 재료의 신선도, 세척 방법에 따라서 굴이 향긋해지기도 하고 비려질 수도 있어요. 밥을 지을 때 생굴을 동시에 넣으면 굴이 너무 익어서 굴의 향과 맛이 줄어들거나, 뜸 들일 때 넣으면 굴에서 나오는 물 때문에 밥이 질어질 수 있어요. 생굴을 끓는 물에 3~5분 동안 데쳐서 먹기 전에 올려서 먹으면 맛있는 굴 솥밥을 쉽게 만들어 드실 수 있습니다. |

가볍지만 든든하게

아보카도 솥밥

재료	아보카도 1개 ǀ 수제 베이컨 2줄 ǀ 불린 쌀 2컵 ǀ 물 2컵 ǀ 적양파 1/3개 달걀 1개 ǀ 소금 약간 ǀ 올리브유 1T ǀ 크러시드 페퍼 약간

만드는 방법

1. 아보카도는 반으로 자른 후 씨를 제거하고 껍질을 벗겨주세요. 양파는 채 썰고, 베이컨은 0.5cm 길이로 잘라 준비합니다.

2. 팬에 베이컨을 볶다가 노릇하게 익으면 키친타월에 옮겨 기름을 빼주고, 베이컨을 굽고 남은 기름에 달걀프라이를 해주세요.

3. 올리브유를 조리용 붓으로 밥 지을 냄비에 얇게 펴 발라줍니다. 기름을 바른 냄비에 불린 쌀과 물을 붓고 센 불로 쌀을 저어가면서 5분간 끓여주세요.

4. 밥물이 반 정도로 줄면 손질한 아보카도를 올리고, 소금으로 간을 한 뒤 뚜껑을 덮어주세요. 중불 5분, 약불 5분간 끓여준 후 불을 끄고 10분간 뜸을 들여주세요.

5. 완성된 솥밥 위에 채 썬 양파, 달걀프라이, 베이컨을 올리고 크러시드 페퍼를 뿌려 마무리합니다. 고추냉이장과 곁들여 먹으면 맛있습니다.

TIP
- 베이컨 대신 명란젓을 곁들여 먹어도 맛있습니다.
- 베이컨을 사용한 팬에 달걀을 구우면 맛도 좋고 설거지도 한 번만 하면 되니 편리합니다.

[02]

마 솥밥

재료	•	장마 200g(10~15조각) ǀ 불린 쌀 2컵 ǀ 채수 2컵 ǀ 들기름 1T 쪽파 2대
	•	명란 마요네즈: 깐명란 60g ǀ 마요네즈 2T

만드는 방법

1. 마는 껍질을 벗겨 0.7cm의 두께로 썰어주세요.

2. 들기름을 조리용 붓으로 밥 지을 냄비에 얇게 펴 발라주세요.

3. 기름을 바른 냄비에 불린 쌀과 채수를 부어주세요.

4. 센 불로 쌀을 저어가며 5분간 끓인 뒤, 밥물이 반 정도 줄면 손질한 마를 올리고 뚜껑을 덮고 중불로 5분, 약불로 5분간 끓이다 불을 끄고 10분간 뜸을 들여주세요.

5. 분량의 명란과 마요네즈를 고루 섞어줍니다.

6. 완성된 밥 위에 쪽파를 다져서 올리고, 명란 마요네즈를 곁들여 주세요.

TIP
- 마의 뮤신이라는 성분은 소화에 효과를 주지만, 피부에 직접 닿으면 가려움증과 같은 마 알레르기 반응이 일어날 수 있습니다. 꼭 장갑을 끼고 손질하세요.

[03]

채소 솥밥

재료	- 토마토 1개	새송이버섯 2개	가지 1/2개	브로콜리니 4개 불린 쌀 2컵	채수 1.8컵	올리브유 2T	소금 약간	후추 약간 - 토마토 데치는 물: 물 3컵	소금 약간

만드는 방법

1. 토마토는 열십자(+)로 칼집을 낸 다음 끓는 물에 껍질이 벌어질 만큼만 살짝 데쳐 껍질을 벗깁니다. 버섯, 가지, 브로콜리니는 한입 크기로 썰어줍니다.

2. 올리브유 1T를 조리용 붓으로 밥 지을 냄비에 얇게 펴 발라주세요.

3. 기름을 바른 냄비에 불린 쌀, 채수를 붓고, 센 불로 쌀을 저어가면서 5분간 끓여주세요.

4. 밥물이 반 정도 줄면 토마토와 버섯, 가지를 넣고 뚜껑을 덮은 다음, 중불로 5분, 약불로 5분간 끓여줍니다.

5. 뚜껑을 열어 브로콜리니를 넣고 뚜껑을 덮어주세요. 냄비를 한 번 센 불로 데운 뒤에 불을 끄고 10분간 뜸을 들입니다.

6. 완성된 밥 위에 올리브유 1T를 두르고 소금, 후추를 뿌려주세요.

TIP	• 취향에 따라 그라나 파다노 치즈를 올려 먹거나, 약고추장을 버무려 먹어도 맛있습니다. • 브로콜리니가 없으면 브로콜리로 조리해도 됩니다. • 토마토와 같이 수분이 많은 재료로 솥밥을 만들 때는 밥 물의 양을 다른 솥밥보다 적게 잡아주세요.

두부 솥밥

재료	전두부 1모 | 브로콜리 1/4개 | 콜리플라워 1/4개 | 불린 쌀 2컵 맛국물 2컵 | 들기름 1T

만드는 방법

1. 브로콜리와 콜리플라워는 윗부분만 잘게 썰어 준비합니다.

2. 두부는 2cm 크기로 깍둑썰기 해주세요.

3. 들기름을 조리용 붓으로 밥 지을 냄비에 얇게 펴 발라주세요.

4. 기름을 바른 냄비에 불린 쌀과 맛국물을 붓고 센 불로 저어가며 5분간 끓입니다.

5. 밥물이 반 정도 줄면 썰어놓은 두부를 올리고 뚜껑을 덮고, 중불로 5분, 약불로 5분간 끓입니다.

6. 불을 끄고 뚜껑을 열어 잘게 다진 브로콜리와 콜리플라워를 올린 후 뚜껑을 덮어주세요.

7. 냄비를 한 번 강불로 데운 뒤에 불을 끄고 10분간 뜸을 들여 마무리합니다. 고추냉이장과 함께 먹으면 맛있습니다.

| TIP | • 일반 두부 대신 '전두부'를 사용하면 부드러운 식감을 즐길 수 있습니다. 전두부는 표면이 매끈하고 푸딩과 같은 식감이에요.
• 브로콜리와 콜리플라워는 윗부분만 썬 뒤, 밥이 뜸 들 때쯤 올리면 보슬보슬한 식감이 좋아요. 줄기 부분은 데쳐서 초장이나 초간장에 찍어 드셔도 좋고, 잘게 다져 두부와 깨소금, 참기름, 소금 등으로 무쳐서 반찬으로 만들어도 좋습니다. |
|---|---|

강황 토마토 베이컨 솥밥

재료	수제 베이컨 2줄	방울토마토 13~15개	불린 쌀 2컵	맛국물 1.8컵 강황 0.2T	올리브유 1T	이탈리아 파슬리 1줄기

만드는 방법

1. 베이컨은 1cm 두께로 썰고, 방울토마토는 꼭지를 떼고 씻어주세요.

2. 달구어진 냄비에 베이컨을 중불로 노릇하게 볶아주세요.

3. 베이컨이 노릇하게 익으면 불린 쌀, 맛국물, 강황 가루를 넣어주세요.

4. 센 불로 쌀을 저어가면서 5분간 끓이다가 밥물이 반 정도 줄면 방울토마토를 올리고 뚜껑을 덮어주세요.

5. 중불로 5분, 약불로 5분간 끓인 뒤, 불을 끄고 10분간 뜸을 들여줍니다.

6. 완성된 솥밥에 먹기 전에 올리브유를 두르고 취향에 따라 이탈리아 파슬리를 다져서 올려주세요.

TIP
- 일반 베이컨을 사용할 시에는 5~6줄을 준비합니다.

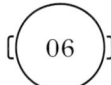

가리비 아스파라거스 솥밥

재료 냉동 가리비 10개 | 아스파라거스 100g | 불린 쌀 2컵 | 맛국물 2컵
무염버터 3조각

만드는 방법

1. 냉동 가리비는 해동한 후 키친타월로 물기를 제거합니다.

2. 달구어진 냄비에 버터 2조각을 녹이고 가리비를 노릇하게 구워주세요. 노릇하게 익은 가리비는 접시에 옮겨 담습니다.

3. 가리비를 구운 냄비에 불린 쌀과 맛국물을 넣어줍니다.

4. 센 불로 쌀을 저어가며 5분간 끓이다가 밥물이 반 정도 줄면 뚜껑을 덮고 중불로 5분, 약불로 5분간 끓입니다.

5. 불을 끄고 뚜껑을 열어 가리비와 아스파라거스를 올리고 뚜껑을 덮어주세요. 냄비를 강불로 데운 뒤, 불을 끄고 10분간 뜸을 들입니다.

6. 완성된 밥 위에 남은 버터 1조각을 올려 마무리합니다.

그린빈 새우 솥밥

재료
- 새우 15마리 | 그린빈 100g | 불린 쌀 2컵 | 새우 육수 2컵 무염버터 2조각
- 새우 육수: 새우 머리 | 새우 껍질 | 버터 2조각 | 물 3컵 | 소금 약간

만드는 방법

1. 냄비에 버터 1조각을 녹여 손질한 새우를 노릇하게 구워 접시에 담아둡니다.

2. 새우를 구운 냄비에 불린 쌀과 새우 육수를 넣어주세요.
   + 새우 육수 만들기(P.90)

3. 센 불로 쌀을 저어가며 5분간 끓이다가, 밥물이 반 정도 줄면 뚜껑을 덮고 중불로 5분, 약불로 5분간 끓입니다.

4. 불을 끄고 뚜껑을 열어 구운 새우와 그린빈을 올린 다음 뚜껑을 덮어주세요. 냄비를 한 번 강불로 데운 뒤에 불을 끄고 10분간 뜸을 들입니다.

5. 완성된 밥 위에 남은 버터 1조각을 올려주세요. 간장 양념장을 만들어 곁들여도 좋습니다.

TIP

| 새우 육수 만들기 |

① 새우는 머리를 자르고 껍질을 벗긴 뒤 내장을 제거합니다.
② 새우 머리와 껍질은 찬물에 씻어 체에 건져 물기를 빼줍니다.
③ 둥근 팬이나 냄비에 버터 2조각을 녹이고 새우 머리와 껍질을 바삭하게 구운 다음 물 3컵을 부어 10분가량 끓입니다.
④ ③의 육수를 믹서기에 갈고 체에 밭쳐 새우 육수를 만들어주세요.

- 손질된 생새우를 사용할 경우, 반절은 잘게 썰어 볶고, 반절은 통으로 버터에 구워주세요. 통으로 구운 새우는 뜸 들일 때 넣고, 잘게 썰어 볶은 새우는 밥 지을 때 넣으면 더 맛있는 솥밥이 됩니다. 새우 육수가 번거로우면 맛국물을 사용해 주세요.

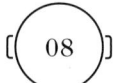

우엉 들깨 솥밥

재료	우엉채 200g ǀ 나물밥 쉽게 만들기 1봉 ǀ 불린 쌀 2컵 맛국물 2컵 ǀ 통들깨 2T ǀ 들기름 2T

만드는 방법

1. 찬물에 건나물 1봉을 10분가량 불려주세요.

2. 우엉채는 흐르는 물에 씻어 물기를 뺍니다.

3. 냄비에 들기름을 두르고 불린 나물을 볶다가 우엉채를 넣어주세요.

4. 불린 쌀과 맛국물을 넣고 센 불로 5분간 끓이다가 밥물이 반 정도 줄면 통들깨를 넣고 뚜껑을 덮어주세요. 중불로 5분, 약불로 5분간 끓이다가 불을 끄고 10분간 뜸을 들입니다.

5. 완성된 밥은 취향에 따라 영양 부추장이나 표고버섯 간장 양념장에 비벼 드세요.

TIP
- 건나물은 불리고 손질하기 어려워 '나물밥 쉽게 만들기' 제품을 사용해서 편하게 만들었습니다. 만약 집에 건나물(취나물, 시래기, 곤드레나물 등)이 있으면 불려서 데친 다음 사용해 주세요.

건도토리묵 솥밥

재료	- 건도토리묵 50g	건무말랭이 30g	참나물 20g	불린 쌀 2컵	맛국물 2컵	들기름 1T
- 무말랭이 불리는 물: 물 3컵
- 건도토리묵 불리는 따뜻한 물: 물 3컵
- 건도토리묵 데치는 물: 물 3컵	소금 약간

만드는 방법

1. 무말랭이는 찬물에 한두 번 헹군 뒤 30분가량 불려서 물기를 짜둡니다.

2. 건도토리묵은 따뜻한 물에 30분 동안 불린 다음, 끓는 물에 소금을 넣어 불린 묵을 데칩니다.

3. 냄비에 들기름을 두르고 무말랭이를 볶다가 불린 쌀과 맛국물을 넣어주세요.

4. 센 불로 쌀을 저어가며 5분간 끓이다가, 밥물이 반 정도 줄면 불린 도토리묵을 넣고 뚜껑을 덮어주세요. 중불로 5분, 약불로 5분간 끓이다 불을 끄고 10분간 뜸을 들입니다.

5. 완성된 밥 위에 참나물을 잘게 썰어 올려주세요. 취향에 따라 영양부추장이나 표고버섯 간장 양념장을 비벼 드시면 됩니다.

건표고버섯 알배추 솥밥

재료
- 건표고버섯 5개 | 알배추 10장 | 불린 쌀 2컵 | 건표고버섯 불린 물 2컵 들기름 1T | 소금 약간
- 건표고버섯 불리는 물: 물 3컵

만드는 방법

1. 건표고버섯은 흐르는 물에 헹군 뒤 찬물에 1시간 정도 불려서 채 썰고, 알배추는 세로로 길게 썰어주세요.

2. 불린 버섯은 체에 밭쳐 물기를 빼고, 버섯 불린 물은 불린 쌀과 동량으로 준비합니다.

3. 냄비에 들기름을 두르고 버섯을 볶다가 불린 쌀, 버섯 불린 물과 소금을 넣어주세요.

4. 센 불로 쌀을 저어가며 5분간 끓이다가 밥물이 반 정도 줄면 냄비 뚜껑을 덮고 중불로 5분, 약불로 5분간 끓입니다.

5. 불을 끄고 뚜껑을 열어 손질한 알배추를 올린 다음, 뚜껑을 덮어주세요. 냄비를 강불로 데운 뒤에 불을 끄고 10분간 뜸을 들입니다. 영양 부추장이나 표고버섯 간장 양념장을 더해주세요.

TIP
- 건표고버섯 슬라이스를 사용하면 간편하게 만들 수 있습니다.

후다닥 만드는 간편한 한 그릇

소고기 죽순 솥밥

재료
- 냉동 죽순 150g | 소고기 100g | 불린 쌀 2컵 | 맛국물 2컵
  다진 마늘 0.2T | 들기름 1T | 쪽파 2대
- 냉동 죽순 데치는 물: 쌀뜨물 3컵 | 된장 0.5T

만드는 방법

1. 쌀뜨물에 된장을 풀어 해동한 죽순을 10분가량 삶은 후, 찬물에 깨끗이 씻어서 물기를 제거합니다.

2. 죽순은 길이 5cm, 두께 0.5cm 정도로 길게 썰고 소고기도 죽순 크기로 잘라주세요. 쪽파도 송송 썰어줍니다.

3. 냄비에 들기름을 두르고 소고기를 볶다가 다진 마늘을 넣어주세요. 불린 쌀을 넣어 볶다가 맛국물을 부어줍니다.

4. 센 불로 쌀을 저어가며 5분간 끓이다 밥의 물이 반 정도 줄면 죽순을 올리고 뚜껑을 덮어줍니다. 중불로 5분, 약불로 5분 끓인 다음 불을 끄고 10분간 뜸을 들입니다.

5. 완성된 솥밥에 쪽파를 올리고 취향에 따라 간장 양념장을 곁들여 먹으면 됩니다.

TIP | 생죽순 손질하기 |

① 죽순은 반으로 자른 다음 껍질을 벗기고 필러로 얇게 표면을 정리합니다.
② 냄비에 죽순을 넣고 죽순이 잠길 만큼 쌀뜨물을 붓고, 된장을 조금 풀어 30분가량 삶아주세요.
③ 삶아진 죽순을 찬물로 여러 번 헹궈서 한 번에 먹을 만큼 소분하여 물과 함께 얼립니다.

- 쌀뜨물이 없으면 물에 밀가루를 풀어서 쌀뜨물 대신 사용합니다.
- 된장 대신 소금이나 식초를 넣고 조리해도 됩니다.
- 냉동 시 물을 함께 넣고 얼려야 수분이 보존되어 죽순의 식감이 그대로 유지됩니다.

차돌 숙주 솥밥

재료
- 냉동 차돌박이 200g | 숙주 한 줌 | 불린 쌀 2컵
  차돌 육수 2컵 | 들기름 1T | 영양 부추 약간
- 차돌 육수: 물 4컵 | 대파 1대 | 통후추 15알 | 소금 0.2T

만드는 방법

1. 냄비에 물, 대파, 통후추, 소금을 넣고 물이 끓으면 차돌박이를 데칩니다. 차돌박이를 데친 물은 체에 불순물을 거르고, 차돌 육수로 사용합니다.

2. 들기름을 조리용 붓으로 밥 지을 냄비에 얇게 펴 바릅니다. 기름을 바른 냄비에 불린 쌀과 차돌 육수를 부어주세요.

3. 센 불로 쌀을 저어가며 5분간 끓인 뒤, 밥물이 반 정도 줄면 뚜껑을 덮고 중불로 5분, 약불로 5분간 끓입니다.

4. 뚜껑을 열어 숙주와 데친 차돌박이를 올리고 뚜껑을 덮어주세요. 냄비를 센 불로 데운 뒤에 불을 끄고 10분간 뜸을 들입니다.

5. 완성된 밥 위에 영양 부추를 잘게 썰어 올려 마무리합니다. 취향에 따라 달래 양념장, 영양 부추장, 고추냉이장을 곁들여 먹으면 맛있습니다.

곤드레나물 조기 솥밥

재료
- 조기 3~4마리 | 곤드레나물 통조림 1캔 | 무 50g | 불린 쌀 2컵 맛국물 1.5컵 | 식용유 3~4T
- 볶은 무나물 육수: 무 100g | 들기름 2T | 맛국물 1컵

만드는 방법

1. 조기는 비늘을 제거하고 꼬리를 자른 후 찬물에 깨끗이 씻어 물기를 빼주세요.

2. 무는 채 썰고, 곤드레나물 캔을 개봉해 체에 밭쳐 찬물에 헹군 뒤 물기를 뺀 다음 5cm 길이로 썰어주세요.

3. 팬에 기름을 두르고 조기를 노릇하게 구워주세요.

4. 냄비에 들기름을 두르고 무를 볶다가 맛국물 1컵을 부은 다음 중불로 끓여주세요.

5. 물이 자작해지면 불린 쌀과 맛국물 1.5컵, 곤드레나물을 넣고 센 불로 쌀을 저어가며 5분간 끓여주세요. 밥물이 반 정도 줄면 구운 조기를 올리고 뚜껑을 닫아 중불로 5분, 약불로 5분간 끓입니다.

6. 불을 끄고 10분간 뜸을 들입니다. 간장 양념장이나 달래 양념장을 곁들이면 더욱더 맛있습니다.

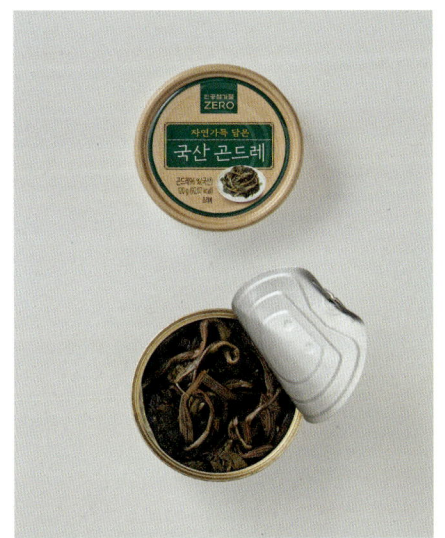

TIP	• 조기에는 가시가 많으니 뼈를 잘 발라주세요.
	• 취향에 따라 다진 파를 올려서 드세요.
	• 밥을 한두 숟가락 남겨 따뜻한 물에 말아보세요. 무의 단맛과 조기의 짭조름한 맛이 어우러져 한층 더 풍부한 맛을 즐길 수 있습니다.

생강 삼치 솥밥

| 재료 | 손질 삼치 1/2마리(약 150~200g) | 불린 쌀 2컵 | 맛국물 2컵
생강 1개 | 쪽파 2대 | 들기름 1T | 식용유 3~4T |

만드는 방법

1. 생강은 껍질을 벗기고 채 썰어 주세요.

2. 삼치는 반으로 잘라 기름을 두른 프라이팬에 노릇하게 구워줍니다.

3. 냄비에 들기름을 두르고 생강을 볶다가 불린 쌀과 맛국물을 부어주세요.

4. 센 불로 쌀을 저어가며 5분간 끓인 뒤, 밥물이 반 정도 줄면 구운 삼치를 올리고 뚜껑을 덮어주세요. 중불로 5분 약불로 5분 끓여주세요.

5. 불을 끄고 10분간 뜸을 들입니다.

6. 완성된 밥 위에 쪽파를 송송 썰어 올려 마무리합니다.

TIP	• 고추냉이장에 삼치를 찍어 먹어 보세요.
	• 생물 삼치를 사용하면 더 촉촉하고 부드러운 맛이 납니다.

랍스터 버터 솥밥

재료 자숙 랍스터 살 400g | 양파 1/4개 | 불린 쌀 2컵 | 맛국물 2컵
청주 1T | 무염버터 2조각 | 쪽파 2대

만드는 방법

1. 해동한 랍스터 살은 짠맛과 비린 맛을 제거하기 위해 찬물에 한두 번 헹궈주세요.

2. 해동한 랍스터는 청주를 넣어 살살 버무리고, 양파를 잘게 다져주세요.

3. 냄비에 버터 1조각을 녹이고 다진 양파를 볶다가 불린 쌀과 맛국물을 넣어줍니다.

4. 센 불로 쌀을 저어가며 5분간 끓인 뒤에 밥물이 반 정도 줄면 뚜껑을 덮고 중불로 5분 동안 끓여주세요.

5. 뚜껑을 열어 랍스터 살을 올리고 뚜껑을 덮어줍니다. 냄비를 센 불로 데운 뒤에 약불로 5분간 끓이다가 불을 끄고 10분간 뜸을 들입니다.

6. 완성된 밥 위에 남은 버터 1조각을 올리고 쪽파를 송송 썰어 올려 마무리합니다. 간장 양념장이나 고추냉이장을 곁들여 드셔도 좋습니다.

고사리 삼겹살 솥밥

재료 고사리 통조림 1캔 | 삼겹살 200g | 불린 쌀 2컵 | 멸치 육수 2컵
다진마늘 1/4T | 들기름 1T | 소금 약간 | 쪽파 2대

만드는 방법

1. 고사리 통조림을 개봉한 뒤에 체에 밭쳐 찬물에 살살 헹군 뒤에 물기를 빼주세요.

2. 삼겹살은 가로 1cm 크기로 썰고, 고사리는 5cm 길이로 썰어주세요.

3. 냄비에 들기름을 두르고 다진마늘을 볶다가 고사리를 넣고 소금으로 간을 해주세요. 볶은 고사리는 접시에 옮겨 주세요.

4. 고사리를 볶은 냄비에 삼겹살을 볶다가 노릇하게 익으면 불린 쌀과, 고사리, 멸치 육수를 넣어주세요.

5. 센 불로 쌀을 저어가며 5분간 끓인 뒤에 밥물이 반 정도 줄면 뚜껑을 덮고 중불로 5분, 약불로 5분 끓이다가 불을 끄고 10분간 뜸을 들입니다.

6. 완성된 밥 위에 쪽파를 송송 썰어 올려 마무리합니다. 취향에 따라 영양 부추장이나 간장 양념장을 곁들여도 좋습니다.

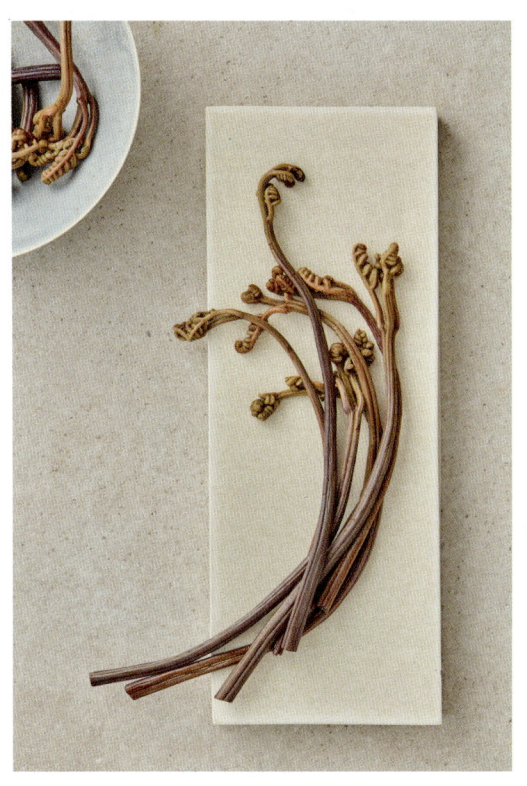

가자미 솥밥

재료 냉동 검정 가자미 2조각(약 300g) | 불린 쌀 2컵 | 맛국물 2컵
무염버터 3조각 | 마늘 2개 | 양파 1/4개 | 양송이버섯 3개
레몬 1/6개 | 이탈리아 파슬리 1줄기 | 소금 약간 | 후추 약간

만드는 방법

1. 해동한 가자미는 키친타월로 물기를 제거한 다음, 소금과 후추를 뿌려주세요.

2. 팬에 버터 2조각을 녹이고 가자미를 노릇하게 구워줍니다.

3. 양파는 잘게 다지고, 마늘과 양송이버섯은 편으로 썰어주세요.

4. 밥 지을 냄비에 버터 1조각을 녹인 후, 양파를 볶다가 양파가 투명해지면 마늘을 넣고 볶아주세요.

5. 냄비에 불린 쌀과 맛국물을 넣어주세요. 센 불로 쌀을 저어가며 5분간 끓인 뒤에 밥물이 반 정도 줄면 구운 가자미를 올리고 뚜껑을 덮어주세요. 중불로 5분, 약불로 5분간 끓입니다.

6. 불을 끄고 뚜껑을 열어 양송이버섯을 올린 다음 뚜껑을 덮고, 냄비를 센 불로 데운 뒤 불을 끄고 10분간 뜸을 들입니다.

7. 밥이 완성되면 레몬즙을 뿌리고 취향에 따라 이탈리아 파슬리를 올려서 드세요.

| TIP | • 먹고 남은 솥밥은 보관해 두었다가 생크림 또는 토마토소스를 부어 리소토로 조리해 먹어도 맛있습니다. |

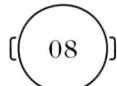

보말 솥밥

재료	• 간 냉동 보말 살 200g	불린 쌀 2컵	보말 내장 육수 2컵 쪽파 2대	참기름 1T
	• 보말 내장 육수: 보말 내장	맛국물 3컵	양파 1/4개	참기름 1T

만드는 방법

1 해동한 보말 살과 내장을 분리하고 보말 살은 찬물에 헹궈 물기를 빼주세요.

2 양파는 잘게 다져줍니다. 팬에 참기름을 두르고 다진 양파를 볶다가 양파가 투명해지면 보말 내장을 넣고 볶아주세요.

3 2에 맛국물을 넣고 끓여줍니다. 한 김 식으면 믹서기에 곱게 갈아 체에 걸러 보말 내장 육수를 만듭니다.

4 참기름은 조리용 붓으로 밥 지을 냄비에 얇게 펴 발라주세요. 기름을 바른 냄비에 불린 쌀과 보말 내장 육수를 부어줍니다.

5 센 불로 쌀을 저어가며 5분간 끓인 뒤에, 밥물이 반 정도 줄면 뚜껑을 덮고 중불로 5분, 약불로 5분간 끓입니다.

6 뚜껑을 열어 보말 살을 밥 위에 올리고 뚜껑을 덮어주세요. 냄비를 센 불로 데운 뒤, 불을 끄고 10분간 뜸을 들입니다. 밥이 완성되면 쪽파를 송송 썰어 올려서 드세요. 간장 양념장과 곁들여도 좋습니다.

TIP	• 보말 육수로 밥을 지으면 밥이 잘 타는 편이어서 불 조절에 조금 더 신경 써야 합니다. 보말 솥밥은 취향에 따라 참기름이나 버터를 넣은 후 비벼 드시면 더 맛있게 즐길 수 있습니다.

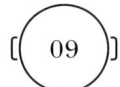

갈낙 솥밥

| 재료 | 시판 갈비탕 1봉(1kg) | 낙지 2마리 | 불린 쌀 2컵 | 참기름 1T
영양 부추 약간 |

만드는 방법

1. 낙지는 깨끗이 손질하여 찬물에 여러 번 씻어 물기를 빼주세요.

2. 갈비탕 한 봉지를 냄비에 붓고 끓여주세요.

3. 끓는 갈비 국물에 낙지를 살짝 데친 다음 5~6cm 길이로 썰어주세요.

4. 참기름을 조리용 붓으로 밥 지을 냄비에 얇게 펴 발라주세요.

5. 기름을 바른 냄비에 불린 쌀과 갈비탕 국물을 2컵 부어줍니다.

6. 센 불로 쌀을 저어가며 5분간 끓인 뒤에, 밥물이 반 정도 줄면 갈빗대를 올리고 뚜껑을 덮고 중불 5분, 약불 5분간 끓여주세요.

7. 뚜껑을 열어 낙지를 넣고 뚜껑을 덮어줍니다. 냄비를 센 불로 데운 뒤에 불을 끄고 10분간 뜸을 들입니다.

8. 완성된 밥 위에 영양 부추를 잘라 올려 마무리합니다.

불고기 단호박 솥밥

재료	양념 불고기 200g	냉동 단호박 3쪽	불린 쌀 2컵	채수 2컵 들기름 1T	쪽파 2대

만드는
방법
	1 냄비에 들기름을 두르고 불고기를 볶아주세요. 다 익으면 접시에
	   담아둡니다.
	
	2 불고기를 볶은 냄비에 불린 쌀과 채수를 부어주세요.
	
	3 센 불로 쌀을 저어가며 5분간 끓인 뒤, 밥물이 반 정도 줄면
	   단호박을 올리고 뚜껑을 덮고 중불로 5분, 약불로 5분간 끓입니다.
	
	4 뚜껑을 열어 접시에 담아둔 불고기를 올리고 뚜껑을 덮어주세요.
	
	5 냄비를 센 불로 데운 뒤에 불을 끄고 10분간 뜸을 들입니다.
	
	6 완성된 밥 위에 쪽파를 송송 썰어 올려 마무리합니다.

TIP	• 불고기 양념 때문에 밥이 잘 타는 편이어서 불 조절에 조금 더 신경
	  써야 합니다.
	• 불고기 양념을 직접 재고 싶을 때는 아래 계량을 참고해 주세요.
	  불고기용 소고기 200g, 진간장 1.5T, 설탕 1T, 참기름 1T, 맛술 1T,
	  다진 마늘 0.5T

뚝 떨어진 기력을 회복하기 위해

버섯 닭고기 솥밥

재료
- 표고버섯 3개 | 새송이버섯 1개 | 갈색팽이버섯 50g | 만가닥버섯 50g
  닭 다리 살 200g | 불린 쌀 2컵 | 맛국물 2컵 | 들기름 1T
- 닭 밑간: 청주 1T | 소금 약간 | 후추 약간

만드는 방법

1. 모든 버섯은 밑동을 제거하고 한입 크기로 썰어주세요.

2. 닭고기는 밑간한 뒤에 달구어진 프라이팬에 노릇하게 구워줍니다.
   익은 닭고기는 한 김 식혀서 한입 크기로 잘라주세요.

3. 들기름은 조리용 붓으로 밥 지을 냄비에 얇게 펴 발라줍니다.

4. 기름을 바른 냄비에 불린 쌀과 맛국물을 넣어주세요.

5. 센 불로 쌀을 저어가며 5분간 끓인 뒤, 밥물이 반 정도 줄면 구운
   닭고기를 올리고 뚜껑을 덮어 중불로 5분, 약불로 5분간 끓입니다.

6. 뚜껑을 열어 손질한 버섯을 올리고 뚜껑을 덮어주세요.
   냄비를 센 불로 데운 뒤에 불을 끄고 10분간 뜸을 들입니다.

7. 완성된 솥밥은 취향에 따라 간장 양념장을 곁들여 주세요.

우거지 삼겹살 솥밥

재료
- 우거지 150g | 통 삼겹살 200g | 불린 쌀 2컵 | 고기 삶은 물 2컵
  식용유 2T | 들기름 2T | 쪽파 2대
- 고기 삶는 물: 된장 2T | 물 5컵 | 대파 1대 | 마늘 3~5개 | 자투리 채소

만드는 방법

1. 달구어진 팬에 식용유를 두르고 통 삼겹살을 돌려가며 노릇하게 구워주세요.

2. 냄비에 고기 삶는 물의 재료를 넣고 구운 삼겹살을 넣어 40~50분가량 삶아줍니다. 고기가 익으면 건져두고 고기 삶은 물은 체에 걸러 밥 육수로 사용합니다.

3. 우거지는 데쳐서 찬물에 헹군 뒤 5cm 길이로 썰어주세요. 만약 억세거나 묵은 냄새가 난다면 끓는 물에 살짝 데쳐서 사용합니다.

4. 냄비에 들기름을 두르고 우거지를 볶다가 불린 쌀과 고기 삶은 물을 넣고 끓입니다.

5. 센 불로 쌀을 저어가며 5분간 끓인 뒤에 밥물이 반 정도 줄면 삶은 삼겹살을 올려줍니다. 뚜껑을 덮고 중불로 5분, 약불로 5분 끓이다가 불을 끄고 10분간 뜸을 들입니다.

6. 밥이 완성되면 쪽파를 송송 썰어 올려주세요. 두부 된장 소스에 우거지와 삼겹살을 찍어 먹고, 취향에 따라 소스에 밥을 비벼서 드세요.
   + 두부 된장 소스(P.154)

TIP		두부 된장 소스
	두부 1/2모, 된장 1T, 통깨 0.5T, 마요네즈 1T, 땅콩버터 1T, 올리고당 1T
	① 분량의 재료를 모두 믹서기에 넣고 갈아줍니다.

문어 부추 솥밥

재료
- 삶은 문어 200g | 영양 부추 20g | 불린 쌀 2컵 | 문어 육수 2컵 들기름 1T | 굵은 소금 0.5컵 | 밀가루 0.5컵
- 문어 삶는 물: 문어 1kg | 물 5컵 | 무 1/4개 | 대파 1대 | 통후추 0.5T 쯔유 2T | 멸치 육수 티백 2개

만드는 방법

1. 손질한 문어는 분량의 재료를 넣고 센 불로 끓이다가 물이 끓으면 약불로 50분 정도 뭉근히 삶아줍니다. 삶아진 문어는 한 김 식혀 건져내고 육수는 체에 걸러주세요.
   + 문어 손질하기(P.158)

2. 문어를 0.5cm 두께로, 영양 부추는 2cm 길이로 썰어줍니다.

3. 들기름을 조리용 붓으로 밥 지을 냄비에 얇게 펴 바르고, 불린 쌀과 문어 육수를 넣어주세요.

4. 센 불로 쌀을 저어가며 5분간 끓인 뒤에 밥물이 반 정도 줄면 뚜껑을 덮고 중불로 5분, 약불로 5분 끓이다가 불을 끄고 10분간 뜸을 들여주세요.

5. 완성된 솥밥에 영양 부추를 올려 마무리합니다.

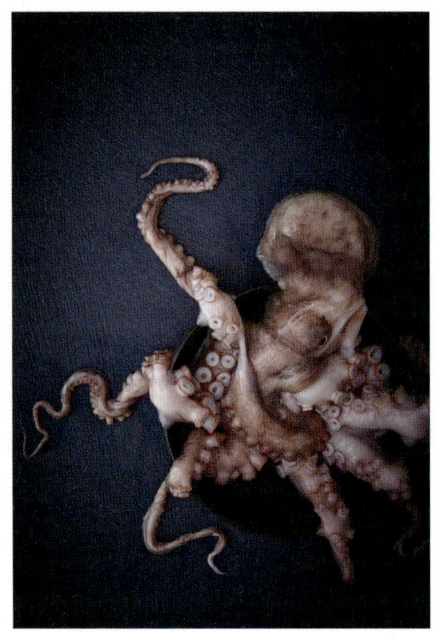
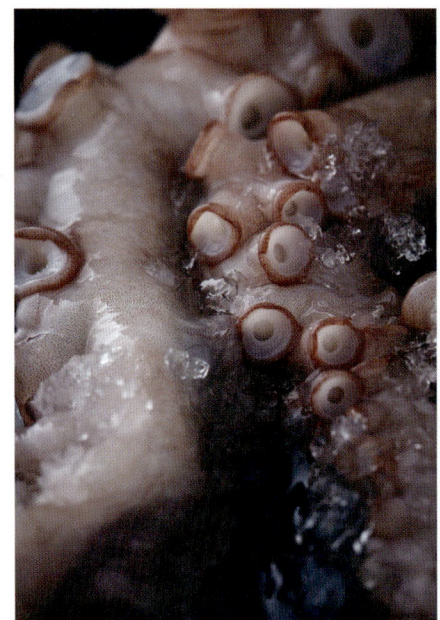

TIP　　　　| 문어 손질하기 |

① 생물 문어는 찬물에 15분가량 담가 기절시킵니다.
② 머리를 뒤집어 내장과 먹물을 자르고 눈과 입을 제거합니다.
③ 큰 볼에 손질한 문어와 굵은 소금을 넣고 빡빡 문지른 다음 찬물로 헹궈주세요.
④ 1차로 세척한 문어에 밀가루를 넣어 빡빡 문지른 다음 여러 번 헹궈서 끈적이는 점액을 완전히 제거합니다.

- 1kg의 문어를 삶으면 약 500g 정도의 살이 나옵니다. 조리하고 남은 문어는 냉동 보관해 주세요. 육수도 함께 보관하면 좋습니다.
- 문어 손질이 어려우면 자숙 문어를 사용해도 됩니다.
- 문어는 찬 성질이 있어서 따뜻한 성질의 부추와 궁합이 좋습니다.

민어 솥밥

재료
- 손질 민어 살 300g | 불린 쌀 2컵 | 민어 육수 2컵 | 들기름 1T 쪽파 2대 | 식용유 3~4T
- 민어 육수: 민어 뼈 | 민어 머리 | 물 15컵 | 대파 2대 | 마늘 5개 생강 1/2개 | 소금 1.5T

만드는 방법

| 민어 육수 끓이기 |

1. 냄비에 참기름을 두르고 뼈와 머리를 볶다가 물을 부어주세요.
2. 대파, 마늘, 생강, 소금을 넣어 센 불로 끓이다가 물이 끓으면 중약불로 줄여 1시간가량 푹 끓여줍니다. 완성된 육수는 체에 걸러주세요.

| 밥 짓기 |

1. 손질한 민어는 소금으로 간을 한 다음 달구어진 팬에 기름을 두르고 구워주세요.
   + 민어 손질하기(P.162)
2. 들기름을 조리용 붓으로 밥 지을 냄비에 얇게 펴 바릅니다. 기름을 바른 냄비에 불린 쌀과 민어 육수를 부어주세요.
3. 센 불로 쌀을 저어가며 5분간 끓인 뒤에 밥물이 반 정도 줄면 구운 민어를 올리고 뚜껑을 덮어 중불로 5분, 약불로 5분간 끓이다 불을 끄고 10분간 뜸을 들입니다.
4. 완성된 솥밥에 쪽파를 얹고 취향에 따라 고추냉이장을 곁들여 주세요.

TIP	민어 손질하기(민어 1마리 약 3kg)
	① 민어는 비늘을 긁어내고 배를 갈라 내장을 제거해 주세요. 깨끗이 씻어 물기를 빼줍니다.
	② 머리는 자르고 뼈와 살을 분리한 다음 족집게로 남은 잔가시를 제거해 주세요.
	③ 손질한 민어 살은 손바닥 크기(150~200g)로 자릅니다. 약 6조각 정도 나옵니다.

전복 솥밥

재료
- 전복 2마리(10cm 이상, 작은 크기는 4마리) | 불린 쌀 2컵
  전복 육수 2컵 | 참기름 1T | 무염버터 1조각 | 쪽파 2대
- 전복 육수: 무 1/4조각 | 다시마 2장 | 물 적당량

만드는 방법

| 전복 찌기, 전복 육수 |

1. 무는 2cm 두께로 썰고 다시마는 찬물에 씻어 물기를 빼주세요.
2. 냄비에 무와 다시마 한 장을 깔고 껍질 채 손질한 전복을 올리고 다시마를 덮어줍니다. 이 방법으로 전북을 찌면 다시마의 감칠맛이 전복에 배어서 맛과 향이 풍부해집니다.
   + 전복 손질하기(P.166)
3. 무가 반 정도 잠기게 물을 넣고 센 불로 끓이다가 물이 끓으면 약불로 줄여 40분간 익혀주세요.

| 밥 짓기 |

1. 잘 쪄진 전복 살은 어슷하게 썰어줍니다.
2. 참기름을 조리용 붓으로 밥 지을 냄비에 얇게 펴 바릅니다.
3. 기름을 바른 냄비에 불린 쌀과 전복 육수를 부어주세요.
4. 센 불로 쌀을 저어가며 5분간 끓인 뒤에 밥물이 반 정도 줄면 뚜껑을 덮고 중불로 5분, 약불로 5분간 끓여줍니다.
5. 뚜껑을 열어 전복을 올리고 뚜껑을 덮어 냄비를 센 불로 데운 뒤에 불을 끄고 10분간 뜸을 들입니다.
6. 완성된 솥밥에 버터를 올리고 쪽파를 송송 썰어 올려 완성해 주세요.

TIP

| 전복 손질하기 |

① 솔로 전복 껍데기와 전복 살에 검은 물때를 닦은 후 찬물로 씻어주세요.
② 깨끗이 씻은 전복은 살과 껍질을 분리한 후 내장과 이빨을 잘라줍니다.

| 전복 내장 소스 |

전복 내장 소스: 전복 내장 2개, 전복을 찌고 나온 육수와 물 2컵, 양파 1/4개, 소금 약간, 참기름 1T

① 전복 내장을 잘게 다지고 양파도 잘게 다져줍니다.
② 냄비에 참기름을 두르고 양파를 볶다가 양파가 투명해지면 전복 내장을 넣어주세요.
③ 전복을 찌고 나온 육수와 물, 소금을 넣고 5분 정도 끓입니다. 믹서기에 재료를 곱게 갈고 체에 걸러주세요.

- 전복은 찌는 데 시간이 많이 소요됩니다. 두꺼운 냄비에 한 번에 많이 쪄서 냉동실에 얼려놓고 활용해도 좋습니다. 전복 내장 소스도 넉넉히 만들어 1인분씩 소분하여 얼려서 사용해도 됩니다.

매콤 가지 솥밥

재료
- 가지 1개 | 돼지고기 목살 200g | 불린 쌀 2컵 | 멸치 육수 2컵 대파 1대 | 쪽파 2대 | 크러시드 페퍼 약간
- 목살 양념: 두반장 2T | 굴소스 1T | 식용유 2T | 소금 약간 | 후추 약간

만드는 방법

1. 가지는 한입 크기로 썰고 달구어진 팬에 기름 없이 노릇하게 구워주세요.

2. 목살도 한입 크기로 썰고 대파와 쪽파는 송송 썰어줍니다.

3. 달구어진 냄비에 기름을 두르고 대파를 볶다가 대파가 투명해지면 썰어둔 목살을 넣고 소금, 후추로 간을 해주세요.

4. 3에 두반장과 굴소스를 넣고, 구운 가지를 넣어서 볶아주세요.

5. 4에 불린 쌀과 멸치 육수를 넣고 센 불로 저어가며 5분간 끓이다 밥물이 반 정도 줄면 뚜껑을 덮어주세요. 중불로 5분, 약불로 5분간 끓이다 불을 끄고 10분간 뜸을 들여주세요.

6. 완성된 솥밥에 송송 썬 쪽파와 크러시드 페퍼를 뿌려 마무리합니다. 간장 양념장을 곁들여도 좋습니다.

| TIP | • 스펀지 구조인 가지와 버섯 같은 식재료는 기름 없이 볶은 후 기름을 나중에 첨가하는 조리법을 사용해야 기름을 적게 흡수하여 식감이 좋습니다. |

오징어 먹물 성게알 솥밥

재료
- 성게알 100g | 딱새우 130g | 불린 쌀 2컵 | 오징어 먹물 김 육수 2컵 양파 1/4개 | 무순 0.5팩
- 오징어 먹물 김 육수: 돌김 3장 | 양파 1/4개 | 오징어 먹물 1T 물 5컵 | 소금 약간 | 포도씨유 1T

만드는 방법

| 육수 끓이기 |

1. 돌김은 마른 팬에 구운 후 잘게 부숴주세요.
2. 양파는 잘게 다진 후, 팬에 포도씨유를 두르고 양파를 볶다가 양파가 투명해지면 물과 소금, 구운 김을 넣어준 후 약불로 끓입니다.
3. 육수가 끓으면 불을 끄고 오징어 먹물을 넣어 섞어주고, 믹서기로 곱게 갈아줍니다.

| 밥 짓기 |

1. 양파는 채 썰어 찬물에 헹군 뒤 물기를 빼주고, 무순도 씻어서 물기를 빼줍니다.
2. 포도씨유를 조리용 붓으로 밥 지을 냄비에 얇게 펴 바릅니다.
3. 기름을 바른 냄비에 불린 쌀과 오징어 먹물 김 육수를 넣어주세요.
4. 센 불로 쌀을 저어가며 5분간 끓인 뒤에 밥물이 반 정도 줄면 뚜껑을 덮고 중불로 5분, 약불로 5분간 끓이다 불을 끄고 10분간 뜸을 들입니다.
5. 완성된 솥밥에 양파, 딱새우, 성게알, 무순을 올리고 취향에 따라 고추냉이와 간장, 김을 곁들입니다.

묵은지 삼겹살 솥밥

재료	• 묵은지 1/2포기(400g 정도)	삼겹살 200g	불린 쌀 2컵 멸치 육수 2컵	쪽파 2대	들기름 1T • 묵은지 양념: 들기름 2T	설탕 1T

만드는 방법

1. 묵은지는 찬물에 살짝 헹군 뒤 물기를 꼭 짠 다음 2cm 길이로 썰어주세요.

2. 달구어진 팬에 들기름을 두르고 묵은지와 설탕을 넣고 묵은지가 투명해질 때까지 볶아줍니다.

3. 1cm 두께로 썬 삼겹살은 다른 프라이팬을 하나 더 준비해 노릇하게 볶아주세요.

4. 들기름을 조리용 붓으로 밥 지을 냄비에 얇게 펴 바릅니다. 기름을 바른 냄비에 불린 쌀과 멸치 육수, 묵은지, 삼겹살을 넣어줍니다.

5. 센 불로 쌀을 저어가며 5분간 끓인 뒤, 밥물이 반 정도 줄면 뚜껑을 덮고 중불로 5분, 약불로 5분간 끓이다 10분간 뜸을 들입니다.

6. 완성된 솥밥에 쪽파를 송송 썰어 올려 마무리합니다.

연어 솥밥

재료	연어 1토막(200g) ǀ 불린 쌀 2컵 ǀ 멸치 육수 2컵 ǀ 쯔유 1T 날치알 2T ǀ 다시마 15×15cm 1장 ǀ 식용유 2T ǀ 쪽파 2대 ǀ 소금 약간
만드는 방법	1 손질된 연어는 소금으로 간을 해줍니다. 2 팬에 식용유를 두르고 연어를 올려 센 불에서 노릇하게 구워주세요. 3 냄비에 불린 쌀과 멸치 육수, 쯔유를 붓고 다시마를 올려주세요. 4 센 불로 쌀을 저어가며 5분간 끓인 뒤, 밥물이 반 정도 줄면 다시마 위에 연어를 올리고 뚜껑을 덮어주세요. 중불로 5분, 약불로 5분간 끓이다 불을 끄고 10분간 뜸을 들입니다. 5 완성된 솥밥에 날치알과 쪽파를 송송 썰어 올려 마무리합니다. 간장 양념장 또는 고추냉이장을 곁들여 드셔도 좋습니다.

장어 솥밥

재료	• 초벌구이 민물장어 1마리(바다장어도 무관)	불린 쌀 2컵	생강 1개	다시마 15×15cm 1장	들기름 1T	쪽파 2대
	• 밥 육수: 멸치 육수 2컵	진간장 2T	청주 1T	설탕 0.5T

만드는 방법

1 생강은 채 썰고, 다시마는 찬물에 헹구어 물기를 빼주세요.

2 밥 육수는 분량대로 미리 섞어둡니다.

3 냄비에 들기름을 두르고 생강을 볶다가 불린 쌀과 다시마, 밥 육수를 부어줍니다.

4 센 불로 쌀을 저어가며 5분간 끓인 뒤에, 밥물이 반 정도 줄면 초벌구이 장어를 올려주세요.

5 뚜껑을 덮고 중불로 5분, 약불로 5분 끓이다 불을 끄고 10분간 뜸을 들입니다.

6 쪽파를 송송 썰어 올려 마무리합니다.

TIP	• 시장에서 생물 장어를 구입하는 경우 뼈 육수를 만들어 솥밥을 만들어보세요. 진하고 구수한 스타일의 장어 솥밥을 만들 수 있습니다.

① 장어 뼈를 참기름에 달달 볶다가 찬물과 대파, 마늘, 생강, 소금 등을 넣어 뽀얗게 육수를 냅니다.
② 장어는 프라이팬에서 노릇하게 구워주세요.
③ 다음 과정은 앞에 레시피와 동일합니다. 밥 육수를 장어 육수로만 교체하여 사용해 주세요.

• 장어 솥밥을 다 드신 후 뜨거운 물을 부어서 숭늉을 만들면 장어 육수와 밥의 고소한 맛이 두 배가 된답니다.

모락모락 솥밥
갓 지은 가장 맛있는 밥

초판 1쇄 인쇄 | 2021년 11월 19일 |
초판 2쇄 발행 | 2021년 12월 17일 |

지은이 | 류지현 |

펴낸이 | 이준경 | 펴낸곳 | (주)영진미디어 |
편집장 | 이찬희 | 책임편집 | 김아영 | 편집 | 김한솔 |
책임디자인 | 정미정 | 디자인 | 김정현 | 마케팅 | 양지환 |

출판 등록 2011년 1월 6일 제406-2011-000003호
주소 경기도 파주시 문발로 242 파주출판도시 (주)영진미디어
전화 031-955-4955 팩스 031-955-4959
홈페이지 www.yjbooks.com 이메일 book@yjmedia.net
ISBN 979-11-91059-22-9 13590
값 18,500원

이 책은 저작권법에 의해 보호를 받는 저작물이므로 무단 전재와 복제를 금합니다.
또한 이미지의 저작권은 작가에게 있음을 알려드립니다.
The copyright for every artwork contained in this publication belongs to artist. All rights reserved.

잘못된 책은 구입한 곳에서 교환해 드립니다.